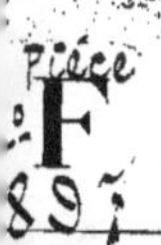

OBSERVATIONS PRATIQUES

DE LA

CHAMBRE DES AVOUÉS

DE

PREMIÈRE INSTANCE DE LA SEINE

SUR LE

PROJET DE LOI

DE

Réforme Hypothécaire

PARIS

TYPOGRAPHIE ET LITHOGRAPHIE MAULDE, DOUMENC ET Cⁱᵉ

144, RUE DE RIVOLI, 144

1897

OBSERVATIONS PRATIQUES

DE LA

CHAMBRE DES AVOUÉS

DE

PREMIÈRE INSTANCE DE LA SEINE

SUR LE

PROJET DE LOI

DE

Réforme Hypothécaire

Monsieur le Garde des Sceaux a déposé au Sénat le 27 octobre 1896, un projet de loi ayant pour objet la réforme du régime hypothécaire.

Le projet peut se résumer dans les propositions suivantes :

1° La formalité de la transcription est rendue obligatoire non seulement pour les actes translatifs de propriété, mais encore pour ceux qui ne sont que déclaratifs ;

2° L'action en folle enchère est supprimée, en fait dans la plupart des cas, à raison de ce qu'elle est subordonnée à la formalité préalable et à bref délai de la transcription du jugement d'adjudication, alors que les vendeurs n'auront ni le temps ni les moyens pécuniaires de remplir cette condition qui leur est imposée pour le maintien de leurs droits;

3° Les privilèges des frais funéraires, des frais de dernière maladie, des gens de service, ne pourront plus s'exercer sur *les immeubles*;

4° Les hypothèques judiciaires sont supprimées;

5° Les hypothèques légales cessent d'être générales et sont asservies à la nécessité de l'inscription;

6° Les privilèges et hypothèques de l'État sont maintenus dans leur intégralité.

Ce projet de loi semble n'avoir considéré qu'un seul intérêt, celui du prêteur d'argent sur hypothèque. On lui a tout sacrifié : les droits de ceux que la législation ancienne et moderne avaient respectés et jugés dignes d'être sauvegardés par des considérations d'humanité, de haute convenance sociale, de pitié pour les humbles et de protection pour les faibles; les droits que la justice avait contrôlés, consacrés par des jugements, et qui trouvaient dans l'hypothèque judiciaire, leur suprême ressource, pour empêcher le débiteur de dénaturer ses biens, de les mobiliser et de les soustraire à l'action de ses créanciers.

On objecte en vain que la situation économique s'est transformée depuis la promulgation du Code civil, qu'autrefois, la fortune privée était presque exclusivement immobilière et qu'elle est aujourd'hui surtout mobilière.

Nous trouvons au contraire dans le changement qui s'est opéré un nouvel argument pour combattre plusieurs des innovations projetées, notamment pour maintenir l'hypothèque judiciaire dont l'efficacité est moins grande, puisque jadis elle frappait la totalité des biens du débiteur, tandis qu'à notre époque elle n'en atteint plus qu'une faible partie, le surplus étant représenté par des valeurs de portefeuille hors de l'atteinte du créancier.

Sous le bénéfice de ces observations préliminaires générales nous examinerons en détail chacun des articles du projet.

Il se divise en deux chapitres distincts ; le premier relatif à la transcription, le second relatif aux privilèges et hypothèques.

CHAPITRE Ier

DE LA TRANSCRIPTION

La principale innovation du projet sur ce point est que désormais il faudra transcrire non seulement les actes translatifs de propriété, mais encore tous ceux qui ne sont que déclaratifs.

Dès lors, plus d'exception :

L'héritier et le légataire seront tenus de faire constater leur propriété par une transcription, comme l'acheteur ou le coéchangiste.

Nous ne pourrions qu'accueillir favorablement cette disposition qui permettrait de connaître exactement les noms et qualités des différentes personnes qui se succèdent comme propriétaires d'un immeuble.

2.

Mais il faut se souvenir que cette question a déjà été l'objet de longues discussions, lors des travaux préparatoires de la loi du 23 mars 1855. En dernière analyse, à cette époque, on a pensé que les successions *ab intestat* devaient être dispensées de la transcription, *parce que l'héritier continuait la personne du défunt, et que son droit s'établissait publiquement en vertu de la loi et des actes de l'Etat civil.*

Il en a été de même pour le légataire, parce que l'on a observé avec raison qu'il pourrait ignorer l'existence du testament, et que son ignorance risquerait de se prolonger par le fait même de l'héritier intéressé.

En imposant au legs pour sa validité l'obligation de la transcription, ou aurait craint de créer une entrave à l'exécution des testaments et à la liberté de tester.

Puis, quel délai fixer pour la transcription ? Ce délai devrait-il courir du jour du décès du testateur, ou du jour de la connaissance acquise du testament, ou du jour d'une décision de justice passée en force de chose jugée, si la succession est litigieuse ?

L'impossibilité de donner à ces questions une solution satisfaisante, a déterminé le législateur de 1855 à abandonner l'idée d'obliger l'héritier et le légataire à faire transcrire.

Aujourd'hui ces problèmes sont-ils résolus ? Le projet de loi ne les aborde même pas ; il est cependant nécessaire qu'ils soient examinés et solutionnés de façon pratique, à peine de proposer un remède qui serait pire que le mal.

Dans tous les cas, si la transcription est imposée à l'héritier, il faudra se préoccuper des conséquences fiscales que cette formalité engendrera.

Le droit de transcription est de 1 fr. 50 °/₀, soit, avec les deux décimes et demi supplémentaires, de 1 fr. 875 °/₀.

Devra-t-il être perçu sur l'héritier et le légataire?

L'article 23 de la loi de ventôse an VII, qui l'a établi, avait limité son application aux seuls actes de *mutation*.

La jurisprudence l'a étendu, à tort ou à raison, aux actes *purement déclaratifs de propriété*, toutes les fois que la formalité de la transcription est requise.

Aujourd'hui le projet la rend obligatoire pour l'héritier et le légataire.

Par conséquent, si une disposition formelle ne les dispense pas du droit fiscal, il en résultera que les successions immobilières seront grevées d'une taxe nouvelle supplémentaire de 1 fr. 875 °/₀ ;

Une autre innovation dangereuse consiste dans le mode de transcription prescrit par l'article 5 du projet et la sanction édictée par l'article 7.

Aux termes de l'article 5, la transcription de l'acte cesse d'être littérale ; elle est opérée par le dépôt d'un simple extrait.

L'article 7 décide, en outre, que l'action en résolution de tout acte soumis à la transcription, ne produira d'effets à l'égard des tiers que si la cause de résolution a été mentionnée dans l'extrait transcrit au bureau des hypothèques.

Dans la pratique, la rédaction de cet extrait peut entraîner bien des difficultés quand il s'agira de le rédiger d'après un contrat. Mais les embarras seront plus sérieux encore quand il s'appliquera à une décision de justice. Sera-t-il permis de prendre à son gré telle ou telle disposition de jugement, et de la faire transcrire en la séparant du texte complet, au risque d'en dénaturer le sens et la portée?

Sans doute on objecte que les tiers, avisés par la mention de l'extrait, pourront toujours se reporter à l'acte lui-même. Cela sera vrai, lorsque le titre consistera en un jugement dont la minute pourra être consultée au greffe : mais cela sera impossible, lorsqu'il s'agira de conventions sous seings privés retenues par les parties, ou même d'actes notariés, puisqu'aux termes de l'article 23 de la loi de ventôse an IX, il est interdit aux notaires de communiquer aux tiers les actes auxquels ils ne sont pas parties.

La transcription par extrait constituerait, dit-on, une économie et, à cet égard, elle devrait être approuvée ; mais qui ne voit que, pour une économie misérable, la partie intéressée s'expose aux plus grands périls, puisque la moindre omission dans l'extrait peut lui faire perdre ses droits à la résolution du contrat ?

Cette disposition de l'article 7 est donc d'une gravité extrême ; elle oblige celui qui fait transcrire à prévoir d'avance toutes les causes de résolution de son contrat.

Aussi faut-il craindre que, par prudence, le rédacteur de l'extrait n'y mette tant de choses, que l'acte, qui fait l'objet de la transcription, s'y retrouve tout entier ; alors, où sera l'économie désirée ?

D'ailleurs, bien souvent la demande en résolution d'un contrat est basée sur des faits étrangers à l'acte lui-même. Le projet de loi prévoit l'hypothèse de la résolution pour cause de réduction des libéralités excédant la quotité disponible ; mais il en est d'autres, et pour n'en citer qu'un exemple, on peut se demander si l'article 7 sera applicable au cas de révocation d'une donation pour cause d'ingratitude ou de survenance d'enfant !

Faudra-t-il la mentionner dans l'extrait ?

L'article 8 dit que dans le cas où la résolution est demandée pour inexécution des conditions, les tiers auxquels elle serait opposable peuvent en prévenir les effets en procurant l'exécution, et que ce droit peut être exercé tant que la décision prononçant la résolution n'est pas passée en force de chose jugée.

Si cet article n'était que la reproduction de l'article 1251 du Code civil relatif à la subrogation légale, il ne pourrait qu'être approuvé. Toutefois, son utilité n'apparaîtrait pas, il ferait double emploi. Mais ne crée-t-il pas un droit nouveau ?

Ne permet-il pas d'annuler une résolution, alors qu'elle est acquise ?

N'est-il pas des cas où cette résolution est devenue définitive au profit de celui qui la demande même antérieurement à l'époque où celui-ci en requiert la constatation par le Tribunal ?

Le crédi-rentier, par exemple, qui a vendu un immeuble moyennant une rente viagère et qui a stipulé la résolution du contrat faute de paiement des arrérages dans un certain délai, n'a-t-il pas un droit absolu à la résolution quand ce délai est expiré sans qu'il ait reçu satisfaction ? Le Tribunal auquel il s'adressera pour la faire sanctionner ne pourra la lui refuser, il ne fera que constater un droit acquis.

Cependant, faut-il admettre que le projet de loi permette aux tiers de faire revivre le contrat éteint, alors que la convention a été librement débattue et acceptée par chacune des parties ?

Cette innovation serait contraire à tous les principes, aux termes desquels les tiers ne peuvent avoir plus de droit que ceux dont ils sont les ayants cause.

Faudra-t-il obliger le crédi-rentier à renouveler à chaque échéance son action judiciaire ? à suivre un procès nouveau, peut-être devant deux degrés de juridiction, pour qu'à la veille d'une décision définitive, un tiers intervienne, paie le terme échu, et le fasse déchoir d'un droit qu'il avait formellement stipulé à son profit comme moyen de sanction pour le paiement à jour fixe de la rente qui assure son existence journalière ?

L'intérêt que l'on peut porter aux créanciers hypothécaires ne saurait aller jusque-là !

3.

Voyons maintenant ce qu'il adviendra si la formalité de la transcription n'est pas remplie : l'article 4 porte, qu'en ce cas, aucune aliénation ou constitution de droits réels ne pourra être opposée *aux tiers*.

C'est la reproduction de la loi de 1855 étendue à l'héritier et au légataire.

Pas d'observation sur ce point.

Cependant il importe de savoir si le défaut de transcription par l'héritier de sa qualité héréditaire, par le légataire de son titre testamentaire paralysera les droits des tiers ; ainsi, pour prendre un exemple, lorsqu'un créancier voudra exproprier les biens recueillis dans une succession par son débiteur, ou lorsqu'un voisin, pour conserver son droit à une servitude résultant d'une décision de justice, devra la faire mentionner sur les registres du conservateur, en sera-t-il empêché aussi longtemps qu'il plaira à l'héritier ou au légataire de ne pas accomplir la formalité préalable de la transcription ?

Il serait nécessaire que le projet de loi tînt compte des droits que les tiers peuvent acquérir ou vouloir exercer contre un débiteur auquel l'inobservation de la loi assurerait une protection imméritée et fournirait une échappatoire.

Pour en finir avec cette question de publicité des actes relatifs à la transmission de la propriété immobilière, nous croyons devoir signaler qu'il existait à Paris un usage longtemps pratiqué :

Les journaux d'annonces légales publiaient sommairement toutes les transcriptions opérées dans les trois bureaux des hypothèques de la Seine.

Ne conviendrait-il pas de rendre obligatoire cette publication, dont l'utilité avait été consacrée par l'usage ?

CHAPITRE II

PRIVILÈGES

§ Ier. — **Privilèges généraux.**

Le projet de loi propose l'abrogation des articles 2104 et 2105 du Code civil, relatifs aux privilèges généraux sur les immeubles.

Désormais les frais funéraires et de dernière maladie, les salaires des gens de service, les fournitures de subsistances, etc., ne seraient plus garantis sur les prix des immeubles.

Cependant ce sont des considérations d'humanité, de haute équité, d'intérêt social de premier ordre qui ont établi ces privilèges pour le bien même du débiteur.

Remarquons d'abord qu'ils ne s'exercent, aux termes de l'article 2105, qu'à défaut de mobilier et que, tous réunis, ils ne conservent que des sommes de peu d'importance.

On objecterait en vain que, dans la plupart des cas, les valeurs mobilières suffisent pour acquitter ces dettes, qui ont une sorte de caractère sacré.

Il est vrai que d'ordinaire il n'est pas nécessaire de recourir à l'application de l'article 2104. Cependant il arrive souvent dans les campagnes notamment, où le mobilier du débiteur est sans valeur, que la succession est exclusivement immobilière.

Faudra-t-il que, dans ce cas, la cause de préférence des créances relatives à la sépulture, aux soins médicaux, aux gages des domestiques cesse d'être légitime.

Et cela au profit de qui? De créanciers rigoureux, prêteurs d'argent par spéculation.

§ II. — **Privilèges spéciaux.**

A. — Privilège de constructeur.

Ce privilège est aussi supprimé par le projet.

L'exposé des motifs explique qu'il n'y a pas de raison de maintenir aux constructeurs un droit de préférence sur d'autres fournisseurs, et qu'il paraît juste de les faire rentrer dans le droit commun.

Cependant l'immeuble que ces entrepreneurs auront édifié n'existait pas avant leurs travaux, et le créancier hypothécaire ne pouvait le considérer comme gage de sa créance.

Dira-t-on que le projet de loi permet aux entrepreneurs de stipuler, avant le commencement ou au cours des travaux, une hypothèque dont ils préciseront l'assiette, et dont l'importance sera déterminée?

Mais cela n'est pas suffisant; cette hypothèque sera souvent primée par d'autres créanciers dont le gage hypothécaire ne garantissait pas d'une manière complète la créance.

Il serait injuste qu'ils pussent profiter des dépenses faites par l'entrepreneur impayé.

De même, il serait contraire à l'intérêt public et à l'intérêt du propriétaire du sol et de ses créanciers d'apporter des entraves à la mise en valeur de l'immeuble improductif.

L'innovation projetée ne semble donc pas devoir être accueillie. L'équité s'y oppose.

B. — Privilège du vendeur et du copartageant.

Quelques privilèges ont été maintenus par le projet de loi; celui du vendeur, celui du copartageant, celui du créancier qui demande la séparation des patrimoines.

Mais, s'ils sont maintenus, ce n'est pas sans modifications.

La plus importante est celle relative au privilège du vendeur.

Désormais le privilège du vendeur serait inséparable de l'existence de la validité et du maintien de l'inscription d'office prise au moment de la transcription.

Qu'elle soit nulle ou qu'elle se périme, le privilège périt avec elle. Il n'aura même pu exister qu'à la condition formelle que l'inscription ait été prise dans les trente jours du contrat de vente.

Il en est de même du privilège du copartageant. Il devra être inscrit dans les trente jours du partage, tandis qu'autrefois le délai accordé pour l'accomplissement de cette formalité était de soixante jours.

4.

C. — Folle enchère.

La perte du privilège entraînera désormais celle de l'action résolutoire et de l'action en folle enchère. Cette innovation a une gravité extrême.

Dans la plupart des cas les vendeurs ne pourront faire opérer dans les trente jours du délai utile l'inscription nécessaire pour la conservation de leur privilège et de l'action en folle enchère.

En effet la transcription ne peut être opérée que sur la présentation d'un jugement ou d'un extrait ; mais la grosse n'est remise et l'extrait délivré qu'après l'enregistrement du jugement.

Or, l'adjudicataire a un délai de vingt jours pour acquitter le droit. Ce n'est qu'à l'expiration de ce délai, et alors qu'un double droit, s'élevant à 14 fr. 424 p. °/₀ , sera encouru que les vendeurs pourront remplir la formalité de l'inscription.

Remarquons d'abord qu'ils n'en auront pas le temps. Les quelques jours restant avant l'expiration du délai d'un mois, seront insuffisants.

Puis, auront-ils les ressources nécessaires pour acquitter ce droit de 14 fr. 424 p. °/₀ ? En matière de ventes judiciaires, les vendeurs, le plus souvent, ne seront pas en état de faire cette avance. En effet, ou bien il s'agira d'une partie saisie et l'expropriation dont elle est l'objet, prouve à elle seule son dénûment.

Ou bien il s'agira de co-partageants, intéressés dans une succession non encore liquidée, et comptant précisément sur la réalisation même des immeubles mis en vente pour se procurer les fonds dont ils ont besoin.

Ou bien ce seront des mineurs, des femmes dotales qui seront venderesses. En admettant qu'il existe dans leur patrimoine des valeurs de Bourse susceptibles d'être aliénées, et dont le prix servirait à acquitter les frais d'adjudication aux lieu et place de l'acquéreur ; ces aliénations ne pourront être opérées sans l'accomplissement de formalités qui ne peuvent pas manquer d'être longues.

S'agira-t-il de ventes d'immeubles dépendant de succession bénéficiaire, de succession vacante, de faillite, l'absence d'un actif mobilier serait dans ces divers cas la plupart du temps un obstacle absolu à l'acquit des droits par les vendeurs.

Faudra-t-il pour cela les frapper de déchéance et les priver de leur action eu folle enchère.

Les rédacteurs du projet de loi n'ont pensé qu'au vendeur aliénant sa propriété par contrat amiable, après avoir pris pour la conservation de ses droits toutes les précautions nécessaires.

Ils ont admis que l'acquéreur aurait toujours versé d'avance les droits d'enregistrement et que la formalité de la transcription pourrait s'accomplir sans difficulté.

Ils ont oublié que la situation était bien différente quand la mutation résulte d'un jugement d'adjudication.

Dans ce cas les vendeurs ne savent pas d'avance quel sera l'adjudicataire, et ils ne pourront exercer de poursuites contre lui en paiement du droit d'enregistrement que vingt jours après l'adjudication, lorsque la pénalité fiscale sera déjà encourue.

L'entrave apportée à l'exercice de la folle enchère équivaudra, dans la pratique, à sa suppression précisément dans les cas où elle serait nécessaire.

Pourquoi donc la supprimer ?

Elle ne préjudicie à personne.

Les tiers ne peuvent être lésés par elle.

Non seulement ils auront pu être prévenus par la publicité prescrite par la loi pour les ventes judiciaires, mais encore il leur sera facile d'exiger du propriétaire avec qui ils contracteront la justification de l'origine · de sa propriété et de l'acquit des charges de l'adjudication ; ils seront toujours à même d'ailleurs de contrôler les déclarations du propriétaire.

En effet, à la différence des actes sous seings privés ou même des actes notariés qui demeurent secrets entre les parties, les jugements d'adjudication, comme toutes les décisions judiciaires, sont tenus dans les archives des greffes, à la disposition du public.

L'action en folle enchère doit être maintenue.

Il faut que l'adjudicataire sache que s'il s'abstient de faire transcrire son jugement d'adjudication il sera, seul, victime de sa négligence ou de sa mauvaise foi, et que les vendeurs n'encourront pas de déchéance par son fait personnel.

La folle enchère a sur toutes les autres procédures, et notamment sur l'action en résolution, un avantage incontestable.

Elle est rapide et peu coûteuse, sa suppression serait préjudiciable à beaucoup, sans rendre service à aucune personne digne d'intérêt.

Elle est différente de l'action résolutoire, et c'est à tort que le projet de loi les assimile et les confond dans une suppression presque entière.

D. — ACTION RÉSOLUTOIRE

Le projet de loi subordonne aussi, la conservation de l'action résolutoire à l'accomplissement de la formalité de la transcription dans les trente jours de l'adjudication ; cela revient à dire pour les raisons exposées ci-dessus qu'en matière de vente judiciaire elle sera perdue dans tous les cas où elle pourrait être utile.

Dans quel intérêt veut-on aussi restreindre le droit de l'action résolutoire ?

Les tiers qui contractent avec le propriétaire d'un immeuble n'ont pas à la redouter s'ils ont la moindre prudence. Il suffit en effet qu'ils consultent l'origine de propriété, et se fassent représenter la quittance du prix pour s'assurer que l'action résolutoire est éteinte. S'ils sont négligents, faut-il néanmoins sacrifier à leur profit les intérêts du vendeur impayé.

Le droit de ce dernier n'est-il pas aussi respectable que celui des prêteurs ?

Le respect des conventions ne fait-il pas un devoir à l'acquéreur d'immeubles de payer son prix aussi bien que ses emprunts ?

Des deux créances, si l'une est plus digne d'être protégée que l'autre, c'est évidemment celle du vendeur, et il serait impossible de donner un motif plausible pour la sacrifier à la créance d'un prêteur.

E. — Séparation des patrimoines

Le privilège de séparation des patrimoines est aussi maintenu.

Il doit toutefois être inscrit dans les trois mois du décès, tandis qu'autrefois ce délai était de six mois.

La pratique permet de constater que le délai actuel est à peine suffisant pour permettre aux créanciers de se rendre compte de la solvabilité de l'héritier et de l'intérêt qu'ils peuvent avoir à séparer son patrimoine de celui de l'hérédité.

Pourquoi changer la loi actuelle sur ce point? Remarquons que la séparation des patrimoines ne procède pas seulement du fait des créanciers et qu'elle résulte encore de l'acceptation bénéficiaire faite par un héritier, lequel a trois mois et quarante jours au moins pour prendre parti, et que même ce délai peut être augmenté par la justice. Faudra-t-il aussi restreindre ce délai, pour augmenter les sécurités du prêteur d'argent?

Le projet de loi stipule que l'inscription de séparation des patrimoines peut être rayée sur le seul consentement de celui qui l'a requise.

L'exposé des motifs indique que le but de la loi est d'empêcher la masse des créanciers de bénéficier de l'inscription prise par un seul d'entre eux, et de faciliter la radiation en exigeant plus la mainlevée de tous.

Certes l'idée est excellente, mais il est nécessaire qu'elle soit exprimée de telle sorte qu'aucun doute ne puisse subsister; or s'il est prescrit que la radiation pourra être opérée sur la production de la seule mainlevée de celui qui a requis l'inscription, il n'est dit nulle part que cette inscription ne bénéficiera qu'à ceux qui l'auront prise à l'exclusion des autres créanciers.

§ III. — **Hypothèques légales.**

A. — Hypothèque de la femme mariée

D'après le projet de loi, la femme pour conserver ses droits devra faire inscrire son hypothèque.

L'inscription devra être spéciale et déterminée.

Le but de la loi est de faciliter au mari la concession d'hypothèques conventionnelles.

Sans doute ce système est avantageux pour lui et ses créanciers, mais il n'y a pas que les intérêts du mari et de ses créanciers qui soient à considérer.

La loi n'a-t-elle pas aussi le devoir de protéger la femme?

Les rédacteurs du Code ont bien compris que les deux intérêts différents se trouvaient en présence, et qu'aucun d'eux ne devait être sacrifié à l'autre.

C'est pour cela qu'en ne rendant pas obligatoire l'inscription de l'hypothèque légale, ils ont laissé au mari la faculté de disposer de ses biens ; mais qu'ils ont réservé à la femme le moyen de sauvegarder ses intérêts au moment où en apparaîtrait la nécessité.

Aujourd'hui, en effet, le droit à l'hypothèque existe au profit de la femme ; mais quand en fait-elle usage ? Seulement quand le le danger menace sa fortune ; de sorte que si tout homme marié est, en principe, grevé de l'hypothèque légale, bien peu de maris voient, en fait, l'inscription requise sur leurs biens.

Avec la législation projetée les droits de la femme seront sacrifiés.

Au moment du mariage, alors que la confiance est complète de part et d'autre, la famille de la femme s'abstiendra toujours de faire inscrire l'hypothèque.

D'ailleurs, la plupart du temps, le mari ne possèdera pas d'immeubles à ce moment.

Ils ne lui adviendront que plus tard par voie d'héritage, ou par des acquisitions postérieures à la célébration du mariage.

C'est en vain que le notaire, conformément à l'article 19 du projet, préviendra les parties que l'hypothèque n'aura d'effet que par l'inscription.

Cet avis passera inaperçu, ou il n'en sera pas tenu compte, étant données les dispositions d'esprit des contractants.

Il est vrai que l'inscription pourra toujours être requise, au cours du mariage, mais elle ne prendra rang qu'à sa date, et la plupart du temps elle n'interviendra que trop tard. Avant que la femme ait connu le mauvais état des affaires de son mari, celui-ci aura pu, sans la prévenir, épuiser par des emprunts hypothécaires la valeur de ses immeubles.

Dans l'état de la législation actuelle, la femme trouve souvent dans son hypothèque légale, le moyen d'être prévenue lorsque la situation du mari périclite.

En effet, lorsque ses affaires sont embarrassées et qu'il en est réduit à la nécessité d'emprunter sur hypothèque il est obligé de faire intervenir sa femme pour qu'elle subroge les prêteurs dans son hypothèque légale, ou qu'elle leur consente une antériorité.

Si l'utilité de l'emprunt est démontrée, la femme donne son concours, sinon elle le refuse, et elle sauvegarde ainsi ses droits.

Désormais, tout contrôle lui échappera. Le mari, en arrière d'elle, et tout en conservant le signe extérieur du maintien de son patrimoine, c'est-à-dire la propriété apparente de ses immeubles pourra, en les grevant d'hypothèques, consommer sa ruine et celle de sa famille.

Veut-on supposer que ces craintes soient chimériques et qu'avec l'expérience on prenne l'habitude de faire inscrire l'hypothèque légale ?

Cette éventualité ne sera-t-elle pas aussi regrettable que la première ?

L'inscription de la femme rendra les biens du mari inaliénables et lui enlèvera toute espèce de crédit ; une fortune qui pouvait par le travail et l'industrie recevoir d'utiles développements, se trouvera paralysée et les époux seront réduits à une fâcheuse inaction.

Il est dit dans l'article 20 que la femme ne pourra prendre inscription que sur des immeubles déterminés et pour des sommes déterminées.

Mais qui déterminera ces immeubles et ces sommes ?

Le projet de loi est muet sur ce point. Cette lacune est d'autant plus dangereuse que la femme, dans le silence de la loi, peut agir à sa fantaisie, qu'elle aura le droit de réquérir son inscription sur chacun des immeubles du mari sans limite et sans contrôle.

Elle arrivera ainsi à reconstituer, par l'application même de la loi, la situation que l'on veut considérer comme si gênante aujourd'hui.

Dira-t-on que l'influence du mari sera toujours suffisante pour éviter une inscription, s'il n'existe pas de motifs de la prendre? Rien n'est moins certain.

En tous cas, l'article 20 accorde cette même faculté aux parents et alliés de la femme en ligne directe, à ses frères, sœurs, oncle et tante, à charge par eux de se pourvoir de l'autorisation du Président du Tribunal du domicile du mari.

N'est-il pas à craindre que cette faculté donnée par la loi à des parents, des alliés et des collatéraux, ne suscite des conflits fréquents et ne devienne une cause de désunion des familles et un moyen de satisfaire des rancunes personnelles?

Sous quelle forme sera donnée l'autorisation du Président? Constituera-t-elle une décision de justice susceptible d'un recours quelconque et devant quelle juridiction ce recours devra-t-il être porté?

Et si postérieurement la femme veut donner mainlevée de l'inscription prise par les siens, lui sera-t-il permis d'annuler, par la seule manifestation de sa volonté, ce qui aura été fait avec l'intervention de la justice.

Autant de questions non résolues.

Enfin, une dernière remarque en ce qui touche le cinquième paragraphe de l'article 19.

Si, l'inscription étant prise, le mariage n'a pas lieu, il faudra faire radier cette inscription, devenue sans objet.

Le projet dit que cette radiation pourra être opérée sur la représentation d'un acte notarié contenant résiliation des conventions matrimoniales.

„Cette hypothèse ne se réalisera sans doute pas souvent.

Aussi le projet ajoute-t-il que cet acte pourra être remplacé par un jugement *rendu sur simple requête* par le Tribunal du domicile de la partie défenderesse *en chambre du Conseil.*

Ces deux expressions ne sont-elles pas contradictoires?

Si *une simple requête* doit être présentée, il suffit qu'elle soit suivie d'une simple ordonnance du Président du Tribunal, sans autre formalité.

Si la demande, au contraire, doit être adressée à la chambre du Conseil et suivie d'un jugement contre les parties défenderesses, elle ne peut pas être introduite par voie de simple requête, il faut que les défendeurs soient appelés au débat contradictoire.

B. — Hypothèque légale du mineur et de l'interdit

Des observations analogues doivent être faites en ce qui concerne l'hypothèque du mineur ou de l'interdit contre le tuteur.

Cette hypothèque elle aussi devra être inscrite, et cela dans le mois de la constitution de la tutelle.

Si cette formalité n'est pas remplie, l'inscription n'aura d'effet qu'à partir du jour où elle sera opérée, et l'incapable sera victime de la négligence de ses représentants.

Sans doute le subrogé tuteur sera responsable.

S'il est responsable, sera-t-il toujours solvable?

Les droits du mineur et de l'interdit ne seront-ils pas bien exposés?

Le projet de loi n'impose à personne l'obligation de prévenir les parties de la nécessité de l'inscription; puis le subrogé tuteur ne saura pas, la plupart du temps, comment il devra procéder.

Il sera donc fort rare de voir une inscription prise en temps utile contre les tuteurs.

Le projet prescrit ici, comme pour la femme, que l'hypothèque devra être spéciale et déterminée.

Cela sera facile si, au moment de l'ouverture de la tutelle, la fortune de l'incapable est connue exactement et si le tuteur possède des immeubles d'une valeur correspondante ; mais le projet de loi prévoit avec raison que les garanties données à l'incapable peuvent devenir insuffisantes ; dans ce cas le conseil de famille pourrait exiger un supplément d'hypothèque.

Malheureusement le projet de loi n'indique pas la procédure qui devrait être suivie dans cette hypothèse.

Comment le conseil de famille sera-t-il prévenu ?

Il est fort possible que l'augmentation de la fortune de l'incapable soit ignorée de chacun de ses membres.

Veut-on transformer chacun d'eux en un surveillant identique au subrogé-tuteur ?

Chaque membre du conseil aura-t-il le droit de requérir la réunion du conseil ?

Enfin, si une décision est prise, qui sera chargé de l'exécuter ?

Quelle force exécutoire aura cette décision ?...

Sera-t-elle susceptible d'un recours, et devant quelle juridiction ce recours sera-t-il porté ?

L'article 25 dit bien que la délibération dispensant le tuteur de l'inscription peut être frappée d'opposition dans la huitaine par tout membre du conseil de famille, mais cette disposition est spéciale à cette hypothèse et la loi est muette en ce qui concerne les autres décisions du conseil de famille.

La même incertitude se retrouve dans la rédaction de l'article 25 au sujet de la faculté, pour le conseil de famille, de dispenser le tuteur de toute inscription et de déclarer qu'il y sera sursis.

Comment ce débat sera-t-il introduit, contre qui? Quelle sera la nature de la décision rendue par la chambre du conseil?

Les articles 24 et 26 créent une heureuse innovation.

Ils permettent de substituer à l'hypothèque un cautionnement en valeurs mobilières; mais leur application n'est pas réglementée d'une façon suffisamment précise.

Pour le mari, cette substitution d'un cautionnement à l'inscription d'hypothèque peut résulter du contrat de mariage ; mais elle peut être aussi autorisée par justice. Or, le projet ne dit pas comment le Tribunal sera saisi, s'il jugera contradictoirement, ou bien *inaudita parte*, en premier ou en dernier ressort.

Quant au tuteur il ne paraît pas qu'il puisse s'adresser au Tribunal pour demander la substitution du cautionnement à l'inscription de l'hypothèque.

Pourquoi cette différence de traitement ?

L'article 28 du nouveau projet est relatif à la radiation des inscriptions prises contre le mari ou contre le tuteur.

Cet article ne contient pas à vrai dire une innovation : le droit pour le mari et pour le tuteur de demander la réduction de l'hypothèque qui les grève, existe dans la législation actuelle.

C'est par le Tribunal à l'audience publique et à la suite d'un débat contradictoire que cette réduction peut être ordonnée.

D'après la loi projetée, c'est en chambre du conseil que le débat serait tranché, quand il s'agit du mari.

Le débat serait-il contradictoire en premier ou en dernier ressort ? Le projet ne le dit pas.

En ce qui concerne le tuteur, les dispositions projetées seront encore plus défectueuses

Le conseil de famille paraît devoir être omnipotent.

Si donc le tuteur a dans le conseil une majorité de gens dévoués, il pourra se débarrasser de l'hypothèque. Dans le cas contraire, c'est en vain qu'il voudrait s'adresser au Tribunal, celui-ci serait incompétent.

§ IV. — **Hypothèque judiciaire.**

L'hypothèque judiciaire est complètement supprimée par l'article 29.

Quelles raisons invoque-t-on pour justifier cette suppression ?

On prétend que l'hypothèque judiciaire a créé une inégalité au profit du créancier qui a obtenu un jugement de condamnation.

L'argument est sans valeur.

Si on l'appliquait aux hypothèques conventionnelles, il faudrait constater aussi la même inégalité entre les créanciers qui ont exigé un gage hypothécaire au préjudice des créanciers chirographaires qui ont suivi la foi de leur débiteur.

Dans cet ordre d'idées, il faudrait décider que l'hypothèque conventionnelle devrait elle-même être supprimée, puisqu'elle constitue aussi une inégalité entre les créanciers.

Au surplus, l'article 446 du Code de commerce a rétabli l'égalité entre les créanciers en décidant que sont nulles et sans effet les hypothèques, même judiciaires, qui auront été prises depuis la cessation des paiements ou dans les dix jours qui l'auront précédée pour des dettes antérieurement contrôlées.

Voici donc l'égalité rétablie en matière commerciale.

Veut-on qu'il en soit de même en matière civile? il suffit de rendre cet article applicable à la déconfiture du *non-commerçant*.

" On objecte encore que l'hypothèque judiciaire par sa généralité constitue un abus.

Mais on perd de vue l'article 2161 du Code civil qui autorise l'action ou réduction des hypothèques judiciaires, toutes les fois qu'elles portent sur des biens plus nombreux qu'il n'est nécessaire à la sûreté des créances.

Cette objection doit donc être écartée.

Les diverses raisons invoquées pour la suppression de l'hypothèque judiciaire sont donc sans valeur.

Il faut au contraire constater que l'hypothèque judiciaire rend de réels services.

Elle est une garantie contre la mauvaise foi du débiteur.

Elle est l'obstacle le plus sérieux pour l'empêcher de faire disparaître son actif, soit au moyen de la réalisation occulte de son immeu le, soit au moyen d'emprunts hypothécaires réels ou fictifs.

C'est elle qui révèle aux créanciers la survenance dans le patrimoine de leur débiteur par succession ou acquisition nouvelle d'immeubles dont le prix serait touché et transformé en valeurs mobilières ou rentes sur l'État intangibles.

Au surplus les droits de créanciers qui ont été consacrés par la justice sont-ils moins digne d'intérêt que ceux des créanciers bénéficiant d'une hypothèque conventionnelle?

Celui qui aura commis un crime, un délit, un quasi délit et qui aura été condamné à des réparations civiles pourra-t-il rendre illusoires les condamnations prononcées contre lui?

Sa victime n'est-elle pas aussi intéressante que celui dont la créance n'a d'autre origine qu'un acte volontaire de spéculation?

Est-il enfin possible d'admettre que le débiteur pourra favoriser un créancier conventionnel au détriment du créancier judiciaire, en accordant au premier une hypothèque que la loi refusera désormais au second.

Au surplus ce n'est pas seulement aux créanciers, c'est souvent au débiteur lui-même que la loi projetée serait préjudiciable.

Aujourd'hui en effet le créancier qui a obtenu une hypothèque judiciaire sait qu'il a une garantie : dès lors il peut accorder des délais à son débiteur sans crainte de voir péricliter ses intérêts.

Qu'on lui supprime ce droit à l'hypothèque, il refusera tout sursis.

Son intérêt exigera qu'il exerce immédiatement des poursuites.

S'il les ajournait, il aurait à redouter le concours de nouveaux créanciers, et plus tôt il réalisera le patrimoine de son débiteur, moins il aura à craindre de concurrents.

Dès le lendemain des condamnations, les meubles comme les immeubles du débiteur seront saisis et vendus sans qu'il puisse solliciter la moindre remise d'un créancier qui aura intérêt à opérer rapidement la vente.

C'est la faillite certaine comme conséquence de la vente des biens et la ruine irrémédiable.

Et c'est sous l'unique prétexte de donner une tranquillité plus grande au bénéficiaire de l'hypothèque conventionnelle qu'on aura rendu nécessaire et plus rapide l'expropriation du débiteur malheureux.

Certes, tel n'est pas le but que poursuit le projet de loi, et cependant c'est à ce résultat qu'il aboutirait fatalement.

On dit que l'hypothèque judiciaire a été supprimée en Belgique depuis 1851, et on en tire cette conséquence que la France doit suivre cet exemple.

Cette raison est-elle suffisante et l'argument pour être pris en considération ne devrait-il pas être appuyé par la preuve que la législation belge a donné des résultats plus avantageux que la législation française ?

§ V.

Le projet de loi contient encore quelques dispositions moins importantes sur lesquelles il n'est peut-être pas utile de s'arrêter.

Toutefois il y a lieu de signaler l'article 31 qui réduit à un dixième du capital le montant des intérêts ou arrérages conservés par l'inscription, c'est-à-dire qu'en supposant le taux légal de 5 °/₀ l'inscription ne garantit que deux années d'intérêts.

C'est à peu de chose près le retour à la législation antérieure à la loi du 17 juin 1893.

L'expérience de ces trois dernières années a-t-elle condamné cette dernière loi, de telle sorte qu'il soit nécessaire de convier aujourd'hui le Parlement à l'abroger ?

Les articles 35 et 36 posent le principe d'une hypothèque, pour ainsi dire, payable au porteur. Toute hypothèque prise pour une ouverture de crédit bénéficierait à tout porteur d'un billet à ordre créé en exécution de cette convention.

Cette innovation est ingénieuse et rendra des services s'il est possible d'en régler l'usage sans amener la confusion dans les registres du conservateur des hypothèques.

§ VI. — Résumé.

En résumé, le projet de loi sur la réforme hypothécaire est utile en ce qu'il étend la nécessité de la transcription aux actes qui sont simplement déclaratifs de propriété.

Toutefois il est nécessaire d'édicter que, dans ce cas, l'accomplissement de cette formalité ne donnera pas ouverture à la perception du droit de 1,50 °/₀, auquel les règles de la jurisprudence actuelle le soumettraient.

Il a l'avantage, en restreignant le bénéfice de la séparation des patrimoines au profit de ceux-là seuls qui l'ont requise, de trancher une question controversée.

Il contient une heureuse innovation en ce qu'il permet de substituer un cautionnement mobilier à l'hypothèque légale qui grève le mari ou le tuteur.

Mais il est contraire aux sentiments d'humanité et de solidarité sociale qui sont cependant une des principales préoccupations de notre temps, lorsqu'il supprime le privilège sur les immeubles des frais funéraires et de dernière maladie et des gages des gens de service.

Il retranche à tort et au mépris des droits les plus légitimes les hypothèques judiciaires, supprimant ainsi, du même coup, l'efficacité des décisions de justice, qui pour conserver leur autorité si nécessaire au bon fonctionnement de la Société, doivent être pourvues des moyens de sanction les plus énergiques.

Il supprime en fait, dans la plupart des cas, l'action en folle enchère qui appartient aux ventes judiciaires, en soumettant son exercice à la formalité de la transcription préalable et à court délai du jugement d'adjudication.

Il est contraire aux principes généraux du droit parce qu'en matière de résolution de vente, il viole les droits acquis du vendeur, en permettant aux créanciers hypothécaires d'arrêter par leur intervention les effets d'une résolution encourue par l'acquéreur.

Il rend illusoires les droits d'hypothèque légale de la femme, en la soumettant à l'obligation d'une inscription, et en la plaçant ainsi dans cette alternative, ou de sacrifier ses intérêts personnels et peut-être l'avenir de ses enfants, ou de compromettre la paix du foyer domestique par un acte de méfiance envers son mari.

Il livre le mineur ou son tuteur à la merci d'un conseil de famille souvent composé d'indifférents ou d'ignorants.

Il réserve à l'Etat, cela est vrai, tous ses droits de privilège ou d'hypothèque. L'Etat considère, en effet, que ses intérêts seraient sacrifiés s'il était compris dans la mesure générale qui atteint les femmes mariées et les mineurs, c'est-à-dire les personnes auxquelles il avait été assimilé jusqu'à ce jour.

Cependant si la réforme hypothécaire s'imposait comme il est dit dans l'exposé des motifs, ce serait à l'État qu'il appartiendrait de donner l'exemple du sacrifice.

Mais il n'en est rien. Il n'est pas nécessaire de faire une révolution dans le régime hypothécaire actuel qui ne réclame que certaines modifications de détail. Il est inadmissible que la considération des vulgaires intérêts des prêteurs sur hypothèque suffise pour opérer dans nos mœurs un bouleversement tel que celui qui résulterait de l'adoption du projet de loi actuellement soumis au Sénat.

65375   Paris. — Typogr. et Lithogr. MAULDE, DOUMENC ET Cⁱᵉ, rue de Rivoli, 144.